Chinois d'Europe

ET

Chinois d'Asie

LI HUNG CHANG.

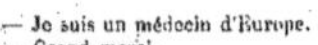

— Je suis un médecin d'Europe.
— Grand merci.

(*Kikonki*, de Vienne.)

Documents illustrés
pour servir à l'histoire des chinoiseries
de la politique européenne
de 1842 à 1900,
recueillis et mis en ordre par

JOHN GRAND-CARTERET

Collectionneur ès-chinoiseries.

La porte ouverte   de la Chine.
(*Harper's Weekly*,   de New-York.)

175 IMAGES

Satiriques,
Françaises et Étrangères,
noires et coloriées,
tirées par les cheveux
sur papier blanc,
à l'encre
de {ma...} Chine.

L'Asie à l'Europe. — Dis donc, vieux, veux-tu du Jeu?
(*Ulk*, de Berlin.)

Puisqu'il faut boxer, boxeur,
boxons.

— Et allons-y, mon petit père !
(*Kikeriki*, de Vienne.)

L'attitude du Japon.
(Harper's Weekly.)

Chinois d'Europe et Chinois d'Asie

A QUI LE POMPON ?

Après les Boërs, les Boxers; cela rime... mais ne répond à rien.

Et cependant ce n'est pas uniquement une pure similitude de terminaison grammaticale.

De rapprochement direct il ne saurait en exister. Quelle comparaison établir entre la lutte d'un colosse et d'un nain ; entre l'Angleterre, voulant à toute force posséder un pays où les mines d'or font risette à ses brasseurs d'affaires et la levée de boucliers des Boxers, c'est-à-dire des fanatiques, des intransigeants, des rétrogrades, politiques et religieux, de l'Empire du Milieu, soulevés contre les procédés, contre la façon de faire, souvent brutale, des Européens.

Eh bien ! quand même, les rapprochements sont venus : d'emblée, la caricature a su les faire surgir.

D'emblée et spontanément, sans qu'aucun mot d'ordre ait été échangé, elle est, à nouveau, partie en guerre contre John Bull, heureuse de le savoir aux prises avec mille difficultés, applaudissant à l'admirable et désespérée résistance des Boers qui empêche notre boule-dogue de se jeter sur la Chine comme il n'eut pas manqué de le faire autrement.

L'on verra même — chose tout au moins curieuse — certains crayons saluer dans les Boxers les « vengeurs des Boërs », applaudir à la levée de ceux qui « vont, enfin, infliger à l'Anglais une correction méritée. »

Evidemment, cela n'est ni très charitable, ni très politique, mais mon rôle, ici, est de noter des impressions, et non de tirer des conclusions personnelles.

Et, il n'est pas sans intérêt de constater que, à tort ou à raison, le baromètre des sympathies pour *master John Bull*, reste plus que jamais au-dessous de zéro.

Voici un premier point : passons au second. Dans son ensemble, la caricature ne paraît pas ajouter grand foi aux solennelles affirmations des ministres et des gouvernements se posant en vengeurs de la civilisation, prêts à infliger un châtiment sans nom à la barbarie chinoise.

Non sans une certaine apparence de raison, elle s'est demandée pourquoi cette Europe si civilisée, cette Europe qui est armée jusqu'aux dents ne partait pas immédiatement en guerre, et même ne se *croisait pas* — ce qui serait conforme à la tradition — contre l'ennemi commun.

Elle ne croit guère, non plus, au dévouement, au platonisme de cette Europe qui, l'Angleterre et la Russie en tête, prétend donner à la Chine, comme jadis à la Turquie, des leçons de bonnes manières, de savoir-vivre, d'humanité, de progrès social. Au lendemain du jour où le roi Humbert vient de tomber sous les balles d'un assassin, cela serait vraiment par trop ironique.

Ce que la caricature sait fort bien — depuis des années elle n'a cessé de l'indiquer en images parlantes — c'est que l'Europe voudrait pénétrer en Chine, s'y installer à sa guise, en faire sa chose et surtout y faire de la *bonne petite commerce*, car cette Europe très chrétienne est avant tout assoiffée d'échanges, de concessions, de privilèges financiers, d'avantages matériels, disons le mot, de pièces de cent sous.

La Chine est donc pour elle du *bon nanan*, un gâteau auquel volontiers l'on goûterait, et quand il s'agit de partager un gâteau, les hommes, un peu comme les enfants, se trouvent rarement d'accord.

Chacun a de bonnes raisons pour s'octroyer la plus grosse part, et tel l'enfant terrible de Gavarni, préfère *rien du tout, plutôt que de savoir que c'est Ernest qui a tout.*

Et voilà pourquoi le fameux « concert européen, » dont l'image se moque toujours si agréablement, n'a pas encore attaqué son grand morceau.

La caricature est persuadée — et peut-être n'a-t-elle point tort — que la guerre de Chine, depuis si longtemps annoncée, va être le fameux brandon de discorde qui doit mettre le feu aux poudres.

En allant à Tien-Tsin, dit un satiriste, tout allait fort bien, mais, en revenant de Pékin, chacun se traitait de coquin.

L'histoire en prose de mirliton ! Et vraiment, elle est tout à fait en situation l'image du *Kladderadatsch* qui représente l'homme malade, l'ancien, le Turc, disant au Chinois, son voisin d'hôpital : « Tranquillisez-vous. Je les connais, les docteurs d'Europe, ils ne vous feront rien. »

Fidèle à son rôle — ce dont on ne saurait la blâmer — la caricature ne ménage ni ce concert des puissances — pour elle la plus belle *chinoiserie*

L'Angleterre engageant John Bull à partir pour la Chine, celui-ci lui montre ses jambes enkylosées.

(Humoristické Listy, de Prague.)

ESTAMPES CHINOISES ANTI-CHRÉTIENNES.

Le châtiment des diables étrangers et la mise au feu de leurs livres
(livres de messes et bibles).

Missionnaires représentés arrachant l'œil à un converti chinois.

✳ Le vice-roi des deux Kouang avait, en 1884, accusé les Européens d'arracher les yeux et
la cervelle aux Chinois mourants et de recueillir le sang des enfants pour en fabriquer
des pilules.

qui se puisse voir — ni la soi-disant civilisation qui consiste
à venir apporter aux Chinois tous les poisons possibles et tous
les engins de destruction perfectionnés, inconnus à la barbare
Asie.

En ses dessins l'on sent même passer quelque chose de cet
esprit philosophique qui avait fait la grandeur du dix-huitième
siècle.

Tout au moins est-ce la note prédominante quoique, souvent,
le crayon place les armées européennes et le nouveau chevalier
de Saint-Georges, l'empereur Guillaume, devant le terrible
dragon chinois. Compositions qui, volontiers, se pourraient
comparer à certaines imageries russes.

Il ne suffisait pas, pour répondre aux préoccupations du jour,
de reproduire deux éloquents spécimens de l'Epinal Jaune, mon-
trant les supplices infligés aux chrétiens — ce qu'il fallait,
surtout, c'était remonter aux sources mêmes de la fameuse
question : *Chine fermée* ou *Chine ouverte*, née aux approches
de 1830.

La Chine ouverte ! — c'est-à-dire la Chine façonnée à notre
mode, profitant de nos découvertes — et elle oserait encore
se plaindre, l'ingrate ! — inondée de nos produits et, tout particulièrement, de nos *rossignols*.

Dame, on est pratique ou pas ! Et comme la Chine, loin de
s'ouvrir, se fermait hermétiquement, ce fut la guerre.

Et alors, quatre ans durant, de 1857 à 1860, par la plume et
par le crayon, l'Europe crut faire œuvre d'esprit en se moquant
des magots, des gongs, des Chinois de paravent et des Chinois
de la mère Moreau.

En ce genre, la France devait exceller ; on retrouvera ici
quelques images-type de celui qui se plaisait à représenter des
zouaves chassant des bandes de Chinois au cri de : « *En v'là
des pékins* ». J'ai nommé Cham, le chauvin par excellence, un
des défenseurs attitrés de la muraille de Chine entre laquelle
certains voudraient enserrer et étouffer la France.

Les temps sont changés, les *pékins* se sont *désempékinisés*.
On fera bien de méditer — car c'est là, en somme, l'origine du
conflit actuel — et les différentes images allemandes, américaines

et autres, datées de 1896, en lesquelles perce sans cesse le désir
de se jeter sur la Chine ; et les images qui expriment si bien les
mamours de l'Europe au rusé renard Li-Hung-Chang. Que
flairait l'une ? Une bonne affaire. Que voulait l'autre ? Faire une
petite tournée pratique avant la levée de boucliers des Boxers,
pour que, le moment venu, la Chine pût être à la hauteur du
progrès et cauarder les Européens suivant les règles de l'art
moderne.

Et puisqu'un peu de comique se mêle toujours aux choses les
plus tragiques, on ne pourra sans rire revoir cette course au
clocher des Européens.

En ce recueil, que je n'ai pas intitulé sans raison *Chinois
d'Europe et Chinois d'Asie*, une remarque s'impose : la quantité
de caricatures, venant des pays neutres — chose naturelle — et
la quantité non moins grande, partie des deux grandes puissances les moins intéressées dans le conflit présent, l'Autriche
et l'Italie, — chose moins simple et cependant significative.
Entre toutes, une image doit être retenue et je la signale
parce qu'elle vient de Londres.

S'adressant au missionnaire chrétien, Salisbury l'accuse d'être
l'auteur involontaire des révoltes, des égorgements actuels, et
pour quiconque connaît l'origine du conflit, cette accusation
peut avoir une apparence de vérité.

Non pas que le missionnaire soit l'unique personnage visé par
le Chinois, mais parce qu'il est pour lui, dans son insistance à
vouloir gagner des âmes au paradis, un des représentants les
plus autorisés de cette civilisation européenne qu'il déteste, qui
chaque jour porte atteinte à son culte des ancêtres, qui, chaque
jour, l'inonde de quémandeurs de concessions de territoires, de
mines, de chemins de fer, — engins infernaux dus aux mauvais
esprits des Diables d'Occident.

Qui pourrait, en cette lutte de tous les instants, faire la part
de la persuasion et nous assurer que la force y resta toujours
étrangère.

Voyons, mes chers compatriotes d'Europe, que diriez-vous si,
sous prétexte que la civilisation jaune — antérieure à la nôtre
de plus de quarante siècles, — est supérieure à la civilisation

blanche, les Chinois d'Asie se mettaient un beau jour dans la tête de venir inculquer à ces Chinois d'Européens leurs mœurs, leurs idées, leurs moyens de locomotion, leur cuisine à petites baguettes, leurs Bouddhas de bronze ou de porcelaine.

L'Italie aux Italiens, a dit Napoléon III ; l'Allemagne aux Allemands a su faire Bismarck ; l'Amérique aux Américains, clame chaque jour Jonathan chassant avec force horions les pauvres Célestes, le bétail jaune.

Alors, véritablement, je ne vois pas pourquoi la Chine n'aurait pas, elle aussi, le droit de dire « La Chine aux Chinois ».

Et en quoi cela pourrait-il empêcher la terre de tourner ?

En réalité, rien ne change ici-bas, et c'est toujours, sous une autre forme, le proverbe de Musset : *Il faut qu'une porte soit ouverte ou fermée*. Or les *Chinois d'Asie*, maîtres de la maison, la veulent fermée et les *Chinois d'Europe* s'obstinent à vouloir qu'elle soit ouverte... pour eux. A qui le caleçon ?

Peut-être pas aux Européens. Et cela parce que la Chine — je suis heureux de me trouver d'accord avec un missionnaire belge, le père Steenackers, auteur d'un écrit recommandé à nos politiciens ignorants —, d'abord, n'est point disposée à se laisser tranquillement partager, comme Européens et Américains le font en ce moment sur les cartes géographiques.

Ensuite, parce que, si cela était, il faudrait à chaque puissance pour occuper, pour conserver son morceau de gâteau, des cent mille, des deux cent mille et, même, des trois cent mille hommes. Et que cela ne se trouve point facilement.

Ensuite encore, parce que Chinois rétrogrades et Chinois progressistes s'uniraient, alors, étroitement dans un même sentiment de haine, se redresseraient bientôt, reconquerraient leur indépendance et, régénérés par une administration nouvelle, nous rendraient, avec usure, la monnaie de notre pièce.

> Européens prenez garde,
> La dame jaune vous regarde.

Demain, peut-être, les vrais Chinois seront en Europe et c'est à nous, alors, que les Célestes, empruntant nos mauvaises mœurs et notre vocabulaire, pourront lancer le classique :

« Espèces de Chinois ! »

N'avons-nous pas déjà des diplomates chinois, des gouvernements chinois et même..... un empereur chinois.

Donc, tous les Chinois ne sont pas en Chine.

JOHN GRAND-CARTERET.

L'EXPORTATION EN CHINE.

... Et moi aussi illustre magot ! je veux faire jouir la Chine des découvertes de notre belle patrié ! je veux lui faire apprécier des produits nationaux qui nous rendent un peu fiers !!!

Caricature de Platier publiée à l'occasion du traité de Whampoa (24 octobre 1844) qui permit aux Européens de résider et de commercer dans cinq ports.

L'Ex-vice-roi YEH témoin des regrets unanimes qu'il laisse dans sa bonne ville de Canton, privée désormais de son administration paternelle !.....

(*Charivari*, mars 1857.)

Décidément, on aura du mal à en finir avec les chinois si l'on n'attache pas un manucure à l'expédition...

(*Charivari*, mars 1858.)

★ Le vice-roi Yeh avait fait arrêter, en 1856, un navire qui portait pavillon anglais, et refusa les satisfactions demandées par l'agent britannique en Chine. La France ayant, aussi, à se plaindre du gouvernement chinois qui avait fait mettre à mort plusieurs missionnaires catholiques, la guerre se trouva ainsi déclarée à la Chine par la France et par l'Angleterre.

Se réveillant un beau matin, l'Empereur de la Chine est fort surpris de voir que son ministre de la guerre se soit permis de changer tout d'un coup l'uniforme de ses troupes sans l'en prévenir.

CARICATURES DE CHAM.

— Le caporal qui m'a dit de me tirer le plumet avec ce chinois...... je trouve que c'est bien plus commode de lui tirer le cheveu que le plumet !......

(*Charivari*, 1860.)

SUR LA PREMIÈRE ET LA SECONDE GUERRE DE CHINE.

★ La collection du *Charivari* abonde en caricatures de toutes sortes sur la Chine et les Chinois, dues aux artistes habituels de ce journal. Il en est même de Daumier. Mais Cham était, alors, le véritable annotateur au jour le jour par le crayon, le véritable chroniqueur par l'image : c'est pourquoi nous nous sommes contentés de choisir dans son œuvre quatre vignettes typiques.

LA RÉORGANISATION DE L'ARMÉE CHINOISE PAR LES ALLEMANDS.
Caricature publiée vers 1885 dans le journal *Uber Land und Meer*, par Carl Stauber.

LES CADETS ALLEMANDS, futurs instructeurs de l'armée chinoise.
(*Ulk*, de Berlin, 17 juillet 1896).

La Chine reconnaissante.　　Les leçons du caporal prussien ont porté.
(*Ulk*, 20 juillet 1900).

L'exercice à la prussienne ! Allez-y. On en a ri quelque peu, un jour, forgeant d'amusantes caricatures avec la fameuse tresse, et puis, comme toujours, lorsqu'il s'agit d'une chose importante, faite pour retenir l'attention, on ne s'en est plus occupé.

Les Chinois militaires à la moderne partant du pied droit, marquant le pas, présentant arme, mettant la main à la couture du pantalon... absent, cela ne pouvait pas entrer dans une cervelle d'Européen. Et cependant cela était, cela fut, et ce qui n'est pas moins curieux, cela avait été entrevu par Voltaire qui, dans une lettre à Frédéric, conseille au roi philosophe de faire dresser à l'européenne par ses généraux les gens de l'Empire du Milieu.

Mais qui s'occupe de Voltaire, aujourd'hui ! Qui songe à ouvrir un livre du dix-huitième siècle, de ce siècle admirable qui, déjà, voyait la possibilité d'une nouvelle invasion de l'Europe par la race jaune ? Nos politiciens modernes ont bien autre chose à faire. La philosophie ne nourrit pas son homme. Ce n'est pas elle qui saurait donner des pots de vin ni grossir les dividendes des sociétés par actions, ces deux grandes institutions modernes.

Donc, après la *Chine ouverte*, nous devions voir la *Chine fermée et armée*, dressée par nous, et, qui mieux est, instruite à l'école du militarisme prussien.

Non pas une fantaisie, mais une réalité, une réalité qui s'est poursuivie avec méthode, qui a abouti aux considérables achats de matériel de guerre faits par la Chine à tous les États Européens indistinctement, à tous les industriels trop heureux d'étendre le « cercle de leurs affaires » — suivant la formule consacrée.

L'origine, c'est le caporal prussien : le couronnement, ce sera le voyage de Li-Hung-Chang, cet habile entre tous les habiles, que déjà certains ont surnommé non sans raison, non sans un certain esprit d'à-propos, le *Bismarck chinois*.

Et de même toute la philosophie de l'histoire tient en les quelques images ici reproduites : le *dressage*, le *formage* du Chinois, s'il est permis de s'exprimer en termes aussi barbares, son aguerrissement par les nombreux instructeurs, sortant des écoles allemandes de cadets, puis son émancipation et ses exploits personnels dès qu'il s'est senti assez fort pour marcher, pour voler de ses propres ailes.

Une, deusse, trois : ça y est. Et qui écoppera en premier? — l'ambassadeur d'Allemagne, le représentant du caporal prussien.

C'est bien, conformément à l'image ci-contre, la reconnaissance du Chinois. On lui a enseigné, suivant toutes les règles de la civilisation européenne, l'art de tuer son prochain. En élève docile, il met en pratique les leçons de son maître et commence par se débarrasser de celui qui le gêne; — l'Européen. Et, en réalité, c'est logique. Fallait pas lui apprendre l'exercice à la moderne, ni, surtout, lui vendre des armes perfectionnées.

LES HOMMAGES A LI-HUNG-CHANG.
Tandis qu'un œil se ferme, l'autre veille.
(*Moonshine*, de Londres, juillet 1896.)

★ Allusion aux réceptions chaleureuses faites par l'Europe au vice-roi du Petchili.

POURBOIRE ATTENDU.
Li-Hung-Chang. — Je n'ai pas de monnaie sur moi; mais je ne vous
oublierai pas.... prochainement, je reviendrai.

(*Moonshine*, de Londres, juillet 1896.)

MERCURE S'ADRESSANT AUX PUISSANCES EUROPÉENNES.
L'ennemi venant de l'Orient, s'approche; précipitez-vous au devant de lui pour lui livrer bataille.
Peuples d'Europe, vendez-lui vos marchandises les plus précieuses !
Caricature de Brandt. (*Kladderadatsch*, de Berlin, juin 1896.)

Un Chinois, non plus de paravent, mais un homme d'état, un colosse taillé à la Bismarck et, avec cela, un bagout de méridional.

On le vit dans les rues de Paris; il se montra dans toutes les grandes capitales d'Europe. Et partout il fut choyé.

Ne venait-il pas en nos contrées civilisées faire des achats, commercer..., tel un vulgaire occidental.

La Chine toute grande ouverte aux produits européens, la Chine allant chercher chez nous de l'argent, et mille autres choses. Donc l'idéal.

Et, naturellement, les grandes usines, les grandes manufactures ne se firent point prier pour livrer armes et canons, tout ce qui sert à la destruction des humains — il faut bien que chacun vive — et la caricature que nos politiciens feraient bien de consulter, pour s'instruire un peu, ne manqua pas de noter cet empressement des Européens à faire avec Li-Hung-Chang toutes sortes de *petites commerces*. Si bien que certaines images, hier simple fait-divers, se trouvent être, aujourd'hui, du document qui fait penser.

COMME LES TEMPS CHANGENT.
L'adjudant de service. — Ministres de Prusse, unissez-vous pour recevoir
princièrement le grand Asiatique !
Caricature de F. Jüttner (*Lustige Blätter*, de Berlin, août 1896.)

Tous les peuples d'Europe venant faire leurs offres
à Li-Hung-Chang.

Caricature de G. Brandt (*Kladderadatsch*, 19 juillet 1896.)

LI-HUNG-CHANG CHEZ BISMARCK.

L.-H.-Chang. — A la suite de quels efforts parvintes-vous à vos succès ?
Bismarck. — Ah ! voilà. J'ai commencé par ne pas être Chinois.

(*Der Floh*, de Vienne, juin 1896.)

★ Image publiée lors de la visite de l'Homme d'État chinois à Bismarck.

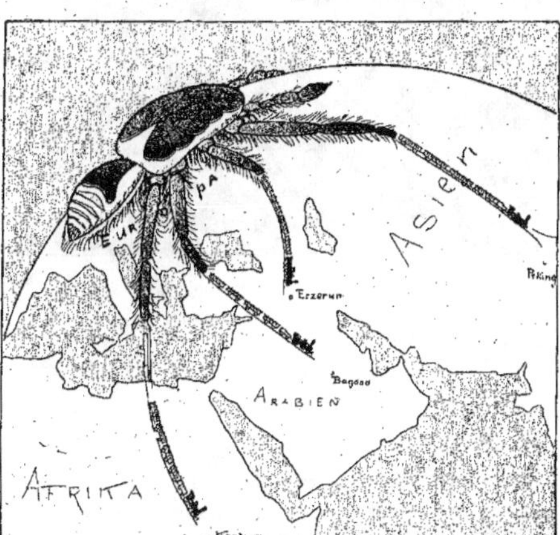

L'ARAIGNÉE EUROPÉENNE.

Elle met la patte en pleine Chine, comme dans le sable africain, et, partout trame sa toile.

(*Ulk*, de Berlin, 9 mars 1900.)

★ Et tout le long des pattes de l'araignée européenne, représentant les gros fils de la toile, sont les chemins de fer qui viennent aboutir à Kartoum, à Bagdad, à Erzerum, à Pékin. Les monuments de l'Europe moderne, comme les aqueducs furent ceux du monde romain !

L'image anglaise, ci-contre, montre ce que certaines puissances dites civilisées avaient déjà l'intention de faire du pauvre Chinois dont la tresse, pour la commodité des besoins, a été séparée en deux.

Fresque picturale télégraphique.

(*Westminster Budget*, de Londres, 7 janvier 1898.)

« Peuples d'Europe, veillez sur vos biens les plus chers. »

(*Ulk*, de Berlin, 10 juillet 1896.)

« Et paix soit sur la terre ! »

★ Conséquence. L'Europe armée jusqu'aux dents. L'Anglais maltraitant l'Irlandais, le Turc assassinant l'Arménien, l'Américain égorgeant l'Espagnol à Cuba. Dans toute l'Afrique, au Congo, au Soudan, au Transvaal on égorge, et l'Europe entière pose à la Chine des ultimatums armés.

(*Ulk*, de Berlin, 20 décembre 1899.)

Five o'clock européen : c'est la Chine qui fournit le thé.

(*Humoristické Listy*, de Prague, 1898.)

Images diverses antérieures aux événements de 1900. Variations sur la queue chinoise. La Chine au tribunal de l'Europe. Pékin la ville Sainte.

CHACUN EN PREND SA PART.

Caricature de Johann Braakensiek (*Weekblad vor Nederland*).

★ A propos de l'occupation de Kiautschau par l'Allemagne.

LA CHINE DEVANT LE TRIBUNAL DE L'EUROPE.

★ C'est John Bull et Jonathan qui siègent : Guillaume, déjà farouche redresseur de torts, interpelle le pauvre cou lamné.
(*Puck*, de New-York, 1898).

UNE QUEUE QUI SERT A BEAUCOUP.

L'Italie. — Dois-je aussi lui en demander un petit morceau comme souvenir ?
(*Ulk*, de Berlin, 19 mars 1899.)

« DE MON LIVRE DE GÉOGRAPHIE. »

« Pékin, la capitale, la ville sainte de l'Empire Chinois, ne peut pas être foulée par les Européens. »
(*Ulk*, 21 octobre 1898).

TA QUEUE GAGNERA A ÊTRE RACCOURCIE.

★ Et avec ses ciseaux, la civilisation coupe au Chinois le bout de natte sur lequel on lit : *vieilles traditions.*
Puck, de New-York, 19 octobre 1898).

Nombre d'images caractéristiques ont été publiées sur la Chine dans la plupart des journaux satiriques du monde, de 1896 à 1900 ; mais tout particulièrement en Allemagne et dans les contrées du Nord, — telle la Hollande, — puis aux États-Unis. Ces images, dont quelques-unes furent, alors, reproduites par moi dans *Le Figaro*, insistaient sur deux points : le désir, très arrêté déjà, dans l'esprit de toutes les nations européennes, séparément, de prendre chacune un petit morceau de Chine dans un but bien défini, d'expansion coloniale, puis une tendance caractéristique et générale de l'Europe prise en son ensemble à s'immiscer dans les affaires des Célestes, sous le prétexte de forcer l'Empire du milieu à entrer dans « la voie du progrès » — toujours le fameux cliché. — Ceci faisait prévoir cela : ceci explique de façon claire ce qui est arrivé ou, du moins, ce qui va se passer avant peu.

VOYAGEURS POUR LA CHINE, par Caran d'Ache.

JOHN BULL ENTRE LE BOUILLON ET LE GATEAU.

(11 juin 1900.)

EN CHINE, par Caran d'Ache.

LA REVANCHE DE L'ONCLE KRUGER.

(25 juin 1900.)

Caricature de Caran d'Ache (*Le Figaro*, 18 juin 1900).

ROUTE DE PÉKIN.

— Arrêtez-vous !... arrêtez-vous !... je vous promets de suspendre les massacres... au moins jusqu'à ce que vous soyez repartis !
(Dessin de Henriot, *Le Charivari*, juillet 1900).

LES REFRAINS D'OFFENBACH.

— Hélas ! les troupes alliées, qui vont en Chine, arriveront toujours trop tard !
(Dessin de Henriot, *Le Charivari*, juillet 1900).

S. M. L'IMPÉRATRICE DOUAIRIÈRE DE CHINE.

Résidant à Pékin, sublime cité où
Je règne sous le nom si doux de Si-
[bay-Hou,
J'exècre qu'on m'ennuie, j'exècre
[qu'on me chine
Et n'aime qu'un pays vieux, mais
[jaune : la Chine.

En voyant mon profil (?) qui n'a rien
[d'un minois,
Chacun craint que la Chine ne reste
[au Chinois,
Jusques au jour où Dieu laissant les
[anciens moules,
Fasse pousser des dents en la bouche
[des poules.

Portrait-charge de Léandre pour *le Musée des Souverains*.
(*Le Rire*, 14 juillet 1900).

EN CHINE.

— Lumière du Soleil, vos boxers se conduisent comme des polissons, qu'attendez-vous pour les châtier ?
— Qu'ils me le demandent.

« LES VAINQUEURS AURONT DU RIZ »
(Ordre du jour du général chinois).

— Dommage pour toi que tu ne veuilles pas te battre, je te donnerais du riz, beaucoup de riz... C'est bon le riz !
— Ça me f... des vents.
(Vignettes de H. Somm, *Le Rire*, juillet 1900).

AU RESTAURANT CHINOIS : Remarquable politesse
des convives européens.

— Après vous...
— Non... non... Je vous prie.... Servez-vous d'abord...
— Je n'en ferai rien.

(Caricature de Henriot. — *Le Charivari*, 18 juin 1900).

(Caricature d'Hermaun Paul. — *Le Cri de Paris*, 1ᵉʳ juillet 1900).

★ Réduction d'une des grandes compositions qui se trouvent en page double dans chaque numéro de cette intéressante revue.

John Bull au Japon. — Mon ami commencez toujours par les battre ;
nous nous entendrons ensuite pour le partage.
Caricature de Henriot. — *Le Charivari*, 14 juillet 1900).

Comment ces gredins de Chinois trouvent le moyen de couper les
lignes télégraphiques ou de rétablir les communications à leur gré.
(Caricature de Henriot. — *Le Charivari*, juillet 1900).

— Ce serait malheureux si, avec tout cela, nous ne parvenions pas à leur
imposer notre civilisation.
(Caricature de Draner. — *Le Charivari*, 7 juillet 1900).

PERFIDE CONSEIL.

John Bull. — Eh aïe donc ! vas-y.. C'est pas ton père.

(Caricature de H. Somm. — *Le Rire*, juillet 1900).

★ C'est au Japon, point n'est besoin de le dire, que John Bull donne ce perfide conseil.

ATTENTION; ÇA VACILLE.

Tandis que les puissances soutiennent les soubassements, le mandarinat
menace de leur tomber sur la tête.

(Caricature de Stutz, 10 juin 1900.)

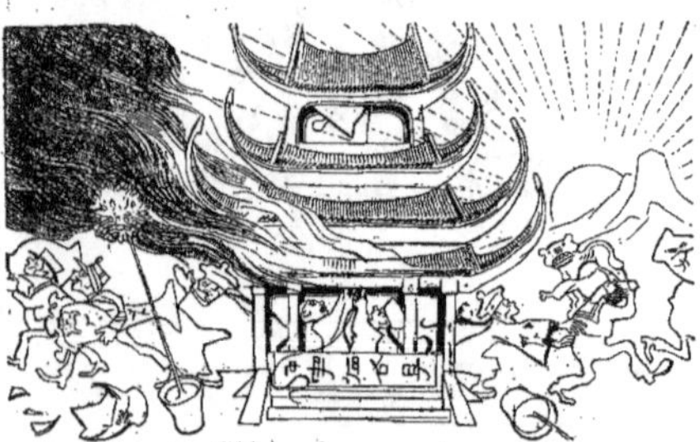

L'INCENDIE DANS LE LOINTAIN ORIENT.

Le « sauvetage » commence.   (24 juin 1900.)

LA POLITIQUE DE LA PORTE OUVERTE. « ENTRATE ».

(*Lustige Blätter*, de Berlin, juillet 1900.)

FONTAINE VOTIVE.

La Société des amis de la paix a décidé d'élever à La Haye, en souvenir
de la conférence de la Paix, un monument commémoratif auquel
les événements de Chine pourront servir de base.

(Caricature de G. Brandt, 1er juillet 1900.)

NOMBREUX CUISINIERS.

Li-Hung-Chang ne s'intéresse pas par avance à l'action commune.

(Caricature de G. Brandt, 22 juillet 1900.)

TOUT DE SUITE PATRON, TOUT DE SUITE!

« Un instant encore, je vous prie, jusqu'à ce que je l'aie fait se tenir
tranquille, celui-là ! » crie John Bull.

(Caricature de G. Brandt, 22 juillet 1900.)

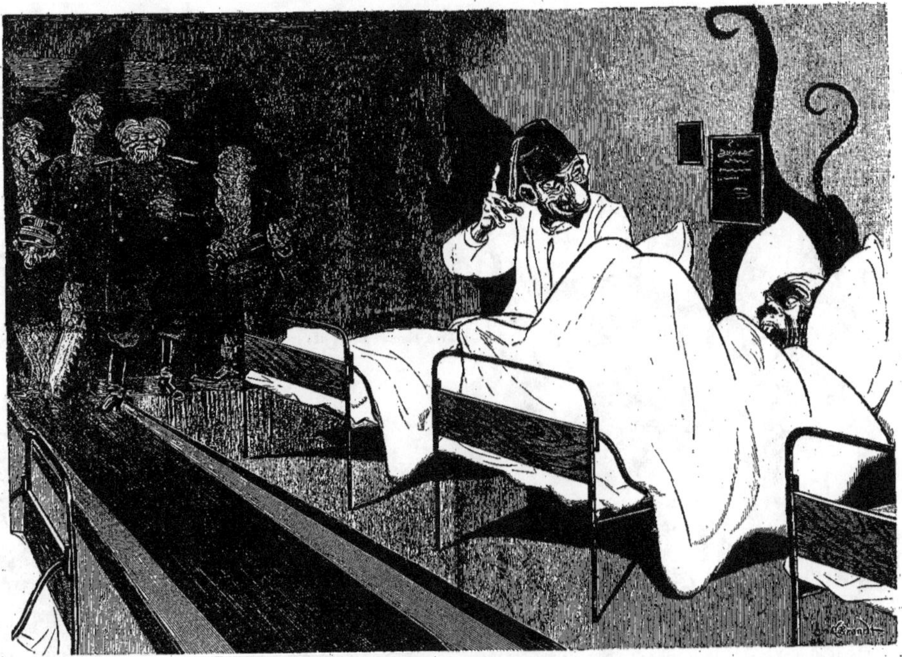

A L'HOSPICE DES INCURABLES.

Le vieil homme malade. — Tranquillisez-vous ! Ils ne vous feront rien ! Il y a des années déjà que je suis ici couché, et je m'y trouve fort bien, car les docteurs n'arrivent jamais à s'entendre.

(Caricature de G. Brandt, *Kladderadatsch*, de Berlin, 15 juillet 1900.)

UNE AMICALE CHIQUENAUDE.

Nouvelle publiée par les journaux : « En appelant au poste d'ambassadeur en Chine M. de Mumm-Schwarzenstein, l'Allemagne tient à montrer qu'elle ne considère pas comme rompues ses relations diplomatiques avec la Chine. »

(*Jugend*, de Munich, juillet 1900.)

Discrète dans le gazon, fleurit la violette; qu'on s'approche d'elle de plus près et qu'on la regarde attentivement, et l'on verra, alors, ce que l'on peut trouver en elle : un vilain magot.... de Chine !

F. O. Voigt

(*Jugend*, Juillet 1900.)

— Tiens-moi, Nicolas, pour que je ne serre pas la vis à ce porteur de natte.

★ Pour une bonne blague, voilà ce qui s'appelle une bonne blague. L'Angleterre, c'est-à-dire John Bull, demandant à frère Nicolas de l'arrêter dans ses expansions coloniales, dans ses velléités conquérantes du côté de la Chine. *Risum teneatis amici.* Nos compliments au *Ulk*.

(*Ulk*, de Berlin, 2 septembre 1898.)

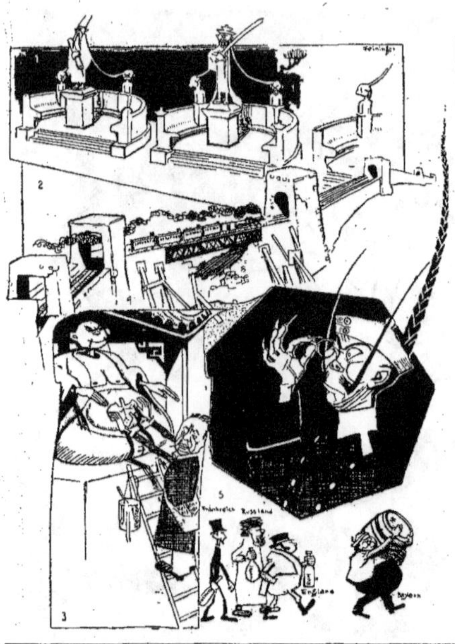

LA CULTURE EN CHINE (Image de l'avenir.)

1. L'allée de Mantschu. — 2. La muraille de Chine (transpercée par les chemins de fer). — 3. Affichage partout. — 4. Partout, le chic du monocle. — 5. Les porteurs de civilisation : le Français qui apporte l'absinthe, le Russse le whisky, l'Anglais le rhum, le Bavarois la bière !!

(*Ulk*, de Berlin, 6 juillet 1900.)

« TOUT REGARDER. NE RIEN TOUCHER »
dit jalousement le voisin à l'autre.

(*Ulk*, de Berlin, 18 juillet 1900.)

★ Les personnages ici figurés, sont, est-il besoin de le dire, les puissances européennes. Celui, au bras seul visible, personnifie l'Autriche.

EN MARCHE SUR PÉKIN.
La bonne entente des puissances est garantie par leur intérêt réciproque.

(*Ulk*, 22 juin 1900.)

DIPLOMATIE CHINOISE.

L'Impératrice. — Les puissances demandent que tous les éléments hostiles aux étrangers soient expulsés.
Les mandarins. — Weih-hei-weih — tous les éléments étrangers, hostiles, doivent être expulsés.

(*Ulk*, 8 juin 1900.)

LE VALET BOXEUR.

L'Impératrice Mère de Thé. — Pourrais-tu m'envoyer « boxer » au loin les Diables étrangers !
Le boxer. — Oh ! oui ! certes, et voilà comme je m'y prendrai.
L'Impératrice Mère de Thé. — Saint Confucius, ne le voilà-t-il pas, maintenant, qui se met à démolir toute ma belle maison de Thé.

(*Lustige Blätter*, de Berlin, juillet 1900.)

LES ASSASSINS EN AFRIQUE (en attendant un autre exercice.)
La Reine. — « Sois sans crainte, Joë, les gens qui sont là derrière, ne nous
troubleront point ; ils appartiennent à la société. »
(Dessin de Bruno Paul, *Simplicissimus*, de Munich.)

UN RÊVE DE L'IMPÉRATRICE DE CHINE.
L'Européen semant sur le monde la moisson féconde de sa culture.
(Dessin de H. Heine, *Simplicissimus*, mai 1900.)
★ C'est un flot de sang.

LA MAIN, LE POING ÉTENDU SUR LA CHINE.
De toute évidence, un doigt voudra être plus grand que les autres.
(*Ulk*, de Berlin, 20 juillet 1900.)
★ La main de l'Europe, chaque doigt représentant une des cinq grandes puissances.

« Solides et sincères, nous marchons ensemble comme un
seul homme. Hipp, hipp, hurrah ! »
(*Jugend*, de Munich, 9 juillet 1900.)
★ Et nos bons Européens sont assis sur un tonneau de dynamite !

GRAND PRIX DE BOXE DANS LE VIDE.
(*Jugend*, de Munich, juin 1900.)

Images allemandes : Gare au Russe. Le démon Krupp. A qui rasera le Chinois. Ce pauvre John Bull, « il était trop lourd ».

LE DÉMON KRUPP.

Si, sérieusement, l'on en vient à la guerre universelle ; si, de tous côtés, saignent les blessures, lui seul à qui la chose profite, en lui pourra se dire : « Tout cela c'est mon œuvre ».

(*Ulk*, de Berlin, 13 juillet 1900).

LE LONG COUTEAU OU LA GRANDE INCISION EN CHINE.

Le Russe. — Laissez-moi donc faire, vous autres : vous avez savonné le Chinois, mais c'est moi qui le raserai.

Caricature de Jüttner (*Lustige Blätter*, de Berlin, juillet 1900).

LA COURSE EN ROND.

La Russie semble à nouveau vouloir se conduire quelque peu sans façon vis-à-vis des autres.

(*Ulk*, de Berlin, 6 juillet 1900.)

LA LUTTE DES GRANDES PUISSANCES SUR LES REMPARTS CHINOIS.

« Qui n'arrivera pas en haut, c'est le bouffi John Bull ; il a les poches trop pleines ».

Caricature de Jüttner (*Lustige Blätter*, de Berlin, juillet 1900.)

CARTE DE NOUVEL AN POUR LA CHINE.

L'INTÉGRITÉ DE L'EMPIRE CHINOIS. — [Gravure à la façon chinoise].
L'ours russe et l'aigle allemand empoignent John Chinaman. La France
à travers les barrières ouvertes se précipite pour prendre sa part du
butin tandis que le lion britannique, le Japon et Jonathan traversent à la
hâte le pont pour venir surveiller leurs intérêts.   (Janvier 1898.)

LE LION, L'OURS ET LE BOXEUR.

Le Lion. — Je suis extrêmement occupé en ce moment et ne puis donner
mon temps à cette « terreur jaune ». Voulez-vous me donner un coup de
main ; nous pourrions expédier l'affaire ensemble.

* Ici c'est la recherche de l'alliance russe : tout au contraire la dernière image du *Punch*
expose nettement les méfiances de l'Angleterre.   (22 juin 1900.)

LA TERREUR JAUNE.

Le dragon qu'on croyait mort (pure image symbolique).
(Juillet 1900.)

LE BOER BOXEUR. « Moi pas aimer diables étrangers. »
On dit que M. Krüger a établi sa capitale dans un train. (Krüger habillé
en Chinois pour répondre aux besoins de l'actualité.)
(19 juin 1900.)

Le Japon s'adressant aux puissances. — Ravi de me joindre à vous, messieurs ; mais permettez-moi de vous faire observer que si quelques-uns
d'entre vous n'étaient pas intervenus lorsque je l'avais sous mes pieds
(le dragon chinois), vous vous seriez épargné tous vos tracas actuels.
(*Punch*, 4 juillet 1900.)

L'Ours russe au Lion britannique. — Vous avez tant à faire autre part que
c'est moi qui vais régler avec cet ennemi audacieux.

Le Lion. — Merci bien, mais pour rien au monde je ne vous laisserai
seul avec lui.   (*Punch*, 13 juin 1900.)

***

L'EUROPE INDIGNÉE

(*S'adressant à la Chine*). — Je crois bien qu'il me faudra vous enseigner les bonnes manières, de même qu'il m'a fallu les enseigner à cet autre (le Turc), à moins que vous ne vous teniez mieux que cela.   (15 juin 1900.)

MAUVAIS POUR L'OURS.

L'Empereur. — John, il vous faut avoir l'œil sur ce Monsieur.
John. — Entendu, Guillaume, mais je crois qu'à nous deux nous pourrions l'éliminer.   (30 juin 1900.)

L'AVIS DE L'EUROPE.

L'Europe s'adressant aux puissances. — Maintenant, mes enfants, ne brusquons rien : il y a énormément à faire avant que je puisse vous aider tous, et ne croyez pas, vous, grande Russie, que vous obtiendrez plus qu'aucune autre puissance.   (7 juillet 1900.)

RÉCOMPENSE !

Lâchons les chiens de guerre. (L'Europe se trouve personnifiée par la Justice).   (21 juillet 1900.)

CASSAGE DE VAISSELLE CHINOIS.

Li-Hung-Chang à l'Impératrice. — Vous voulez vous en servir encore (du ciment diplomatique). C'est irréparable, cette fois ; il y aura de la casse pour quelqu'un.

(*Fun*, de Londres, 3 juillet 1900).

LA CHINE EN FEU.

★ La stratégie, c'est-à-dire l'armée anglaise se trouvant placée entre la corruption de Krüger (sic) et la barbarie de la Chine. Devant elle sont les deux cibles Pékin et Transvaal. Laquelle viser ?

(*Fun*, 10 juillet 1900).

LORD SALISBURY AU MISSIONNAIRE.

Mon cher ami chrétien, vous êtes assurément un excellent homme, mais vous êtes un horrible fléau pour nous car cette révolte des Boxers est entièrement votre fait.

(*Westminster Gazette*, 29 juin 1900).

LI-HUNG-CHANG HAMLET.

« Boxeur » ou pas « boxeur » ! voilà la question.

(*Westminster Gazette*, 6 juillet).

★ Allusion aux paroles prononcées par le premier ministre dans une réunion politique. Ces deux caricatures qui expriment si bien, chacune à sa façon, l'état actuel des choses en Chine, du côté européen, comme du côté des hauts et puissants mandarins, sont de J. Gould, le spirituel caricaturiste, au faire très personnel, dont plusieurs reproductions se trouvent déjà ici.

★ L'Irlande, naturellement, ne manque pas une occasion de faire ressortir, de mettre en évidence les malheurs, les difficultés de l'Angleterre. On se venge comme on peut. Et le *Weekly Freeman* se fait toujours remarquer au premier rang, par ses images en couleurs.

JOHN BULL (SHYLOCK).

« O mes ducats ; ô mes sujets ! »

(Caricature de Phill. Blakk. — *Weekly Freeman*, de Dublin, 21 juillet 1900).

LA CHEVAUCHÉE DES SORCIÈRES EN CHINE.

Le savant Confucius a dit au sujet de la domination de l'étranger : « Quand sur les eaux du Yang-Tsé-Kiang le soleil se lèvera de Li-Hung-Chang, alors on verra sortir deux dragons du pays, tandis que des milliers de diables seront chassés dehors ».

(*Der Floh*, de Vienne, juillet 1900).

UN VORACE.

Kikeriki (le personnage à crête et à tête de coq qui représente le journal viennois). — La bête a encore à moitié hors la gueule les restes du précédent repas — et déjà, à nouveau, elle songe à dévorer….. autre chose.

(*Kikeriki*, de Vienne, 1er juillet 1900).

LE NOUVEAU JEU CHINOIS DES ANNEAUX.

La partie de voyage va commencer, sur Takou, Shanghaï, Canton, Paotingsu, Wuchiayung, Tientsin, Hankow, Pékin — avec retour peut-être !
Allons, en voiture, messieurs ! Ne laissez pas passer si bonne occasion !
(*Der Floh*, de Vienne, juin 1900.)

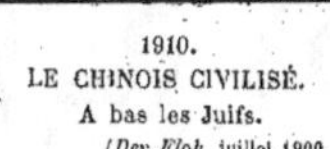

1900.
LE CHINOIS BARBARE.
A bas l'étranger.

1910.
LE CHINOIS CIVILISÉ.
A bas les Juifs.
(*Der Floh*, juillet 1900.

DANS UN CAFÉ CHINOIS A OPIUM.

— Fumez, fumez, seulement, nobles amis, quand vous aurez fait quelques pas vous croirez être au ciel.
— Tenez, vilains diables, voici le ciel que je vous montrais en perspective.
(*Der Floh*, juillet 1900).

DANS LE BASSIN DU PEIHO (la rivière qui passe près de Pékin
et au fort de Takou).

Tschin-Tschin. — Jésus ! Les Autrichiens qui font une démonstration au sujet du soulèvement des Boxers ! Allez donc voir chez vous, car, là aussi, il y en a des.... Boxers !
Caricature de F. Graelz (*Wiener Witzblatt*, 15 juin 1900).

Images italienne et suisse : Une nouvelle croisade de la civilisation européenne. La paix de l'Europe dangereusement malade.

PETITS, SUIVEZ MON ÉTENDARD.

Allez, frappez tous, unis, en mon nom sur le barbare, et vous vaincrez.... vous frapperez avec le même entrain qu'il eut mis à taper sur vous.

Composition de Dalsani (*Pasquino*, de Turin, 15 juillet 1900).

LA PAIX EUROPÉENNE.

La fin du commencement, le commencement de la fin. — L'Europe tient dans ses bras la colombe au rameau d'olivier et se demande quel va être le sort de ce pauvre petit être chétif.

Caricature de F. Boscovitz (*Nebelspalter*, de Zurich, 7 juillet 1900).

Quiconque s'immisce dans les affaires du Céleste Empire sera traîné jusqu'au fond d'un précipice (en italien *china*, ce qui amène un jeu de mots tout naturel avec la Chine) pour, de là, tomber dans un océan de malheurs.

★ Les puissances européennes sont conduites par la Russie brandissant l'étendard de la Conférence de la Paix. Jonathan (l'Américain), appuyé contre un rocher, laisse venir le flot paisiblement.
Caricature de Daisani (*Pasquino*, de Turin, 17 juin 1900).

Images autrichiennes : Voulez-vous des dragons, on en a mis partout.
Les exploits de Guillaume. Le coup de l'Allemagne.

LE COMBAT AVEC LE DRAGON.
Ou l'Empereur Guillaume nouveau chevalier de Saint-Georges.
(*Kikeriki*, de Vienne, 15 juillet.)

L'Allemand. — Dis donc, Yvan, ce drôle m'a donné des coups de poing, est-ce que tu supporterais cela?
(*Humoristische Blätter*, de Vienne, 17 juin 1900.)

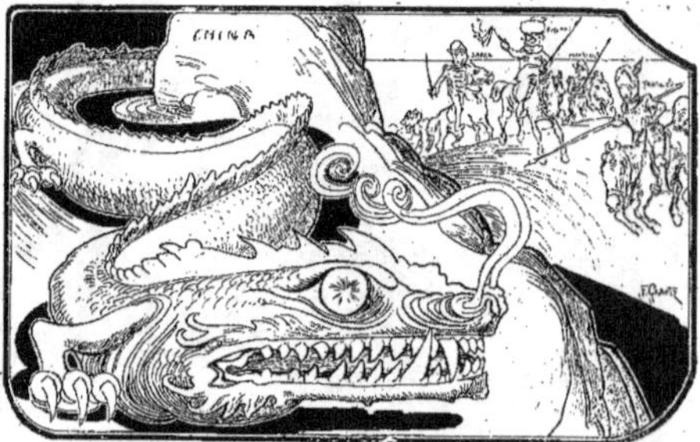

Tous les chevaliers de Saint-Georges sont étroitement unis pour le combattre : c'est ainsi qu'il leur faudrait être après sa conquête :
(*Humoristische Blätter*, juin 1900.)

DÉCLARATION PLEINE DE PROMESSES.
« Soldats! Vengeance de ces barbares! Qu'aucun de vous ne rentre chez lui tant que ces Chinois ne seront pas tous.... De vos actions d'éclat un monument resplendissant au loin restera... que je promets solennellement d'élever à ceux qui seront tombés. »
(*Humoristische Blätter*, de Vienne, juillet 1900.)

TECHNIQUE D'ATTAQUE INTERNATIONALE.
Simple comme rien. On laisse d'abord voler le dragon chinois, on le dirige comme on veut, et alors, facilement, on l'amène à terre.
(*Humoristische Blätter*, 8 juillet 1900.)

L'Anglais est bien réellement un être sanguinaire.
(Figaro, de Vienne, 30 Juin 1900.)

Assurément, le bonhomme doit avoir appris cela des Boërs.
(Figaro, de Vienne, 30 juin 1900.)

Le Chinois ne comprend absolument rien à notre savante diplomatie :
il ne désire nullement que nous le partagions.
(Figaro, de Vienne, 14 juillet 1900.)

Le *Chinois.* — Saint Confucius, vois donc ces briseurs de portes avec leurs
lanternes : c'est ce qu'ils appellent apporter la lumière en Chine.
(Die Bombe, de Vienne, juillet 1900.)

Comment les Européens s'amènent en Asie... et ils en
reviendront ayant changé de femme (c'est-à-dire avec la
peste).

UN ÉTRANGE SAUVETEUR

La civilisation européenne est en mauvaise posture. Si, actuellement, le Japon
ne la retire pas de l'eau, elle est perdue.
(Kikeriki, de Vienne, 12 juillet 1900.)

Images austro-hongroises : Les politesses de la porte. Ce que sera la guerre de Chine. Enseignement des vertus chrétiennes aux Chinois. Le Tom-Pouce autrichien.

A LA PORTE DE CHINE.

Yvan Yvanovics. — A vous, je vous prie, d'entrer le premier.
John Bull. — Oh ! pardon, à vous ; à vous la priorité.
(*Ustôkôs,* de Buda-Pest, 17 juin 1900).

LA DOCTRINE DU CHRIST.

Kin-Teke-Csing. — Mon père, les chrétiens, qu'envoient-ils à ceux qui leur jettent la pierre ?
Le Missionnaire. — Du pain, mon fils, du pain. (*Ustôkôs,* 15 juillet).

LA GUERRE EN CHINE.

Son commencement. — Sa fin. *Ustôkôs,* 8 juillet 1900).

MEGALOMANIE.

« Monsieur, où est l'endroit pour hommes ? »
« Monsieur, où est l'endroit aux grandes puissances ! »
★ Allusion au rôle effacé joué par l'Autriche dans le concert européen au sujet des affaires de Chine. On la compare au petit garçon qui demande.... les cabinets.
(*Ustôkôs,* 15 juillet.)

LE BOXEUR BOXÉ.

(*Borsszem Jankó*, de Buda-Pest, 17 juin 1900).

LA GRANDE OMBRE CHINOISE.

Oh! le petit Boër a là une bien grande âme vengeresse.

(*Bolond Istók*, de Buda-Pest, 8 juillet 1900).

SECOURS RAPIDE.

Le char de la diplomatie arrivant, suivant son habitude, quand tout est à feu et à sang
(*Borsszem Jankó*, 15 juillet 1900).

LA MOISSON EN CHINE.

(*Borsszem Jankó*, 8 juillet 1900.)

Images austro-Bohèmes : La mort à Pékin, l'amour à Londres. La Chine se jouant de l'Europe. Les Chinois vengeant les Boërs. La Chine à l'Allemagne.

L'ENFER ET LE PARADIS (les diplomates européens à Pékin : les diplomates chinois en Europe).

Pendant qu'à Pékin les ambassadeurs supportent d'horribles sévices en ayant comme perspective la mort devant les yeux, — en Europe, l'ambassadeur de Chine à Londres, se marie joyeusement et fait étalage de ses plaisirs, comme si la Chine et l'Europe tressaient ensemble des couronnes.
(*Sipy*, de Prague, juillet 1900).

LE RENARD CHINOIS S'ADRESSANT A L'EUROPE.

Li-Hung-Chang. — Soyez tranquilles; vos ambassadeurs sont vivants et en parfaite santé. Mais à partir du moment où vous vous mettrez en marche contre nous, je ne réponds plus de leur vie.

(*Sipy*, de Prague, juillet 1900).

LA JUSTICE DE L'HISTOIRE.

Le boër blessé. — Abandonné par l'Europe chrétienne, je succombe, moi, mais la Chine païenne me vengera.
(*Sipy*, de Prague, juillet 1900).

PRÊTE A PUNIR LA BARBARIE CHINOISE (c'est de l'Allemagne qu'il s'agit).

Les boxeurs chinois. — Pourquoi nous tarabustes-tu tant, Allemagne offensée..... Nous prenons exemple sur toi, cependant. Tu expulses d'Allemagne les Slaves et nous expulsons de Chine les Européens.
(*Sipy*, de Prague, 23 juin 1900).

Les amoureux ardents ou le plus heureux des trois.

(*Boland Istók*, de Buda-Pest, 17 juin 1900.)

LA CHINE EST UN PAYS CHARMANT, par Julio.

— Vos ministres !... voilà ils sont bien conservés et prêts à être expédiés.

(*La Réforme*, de Bruxelles, 15 juillet).

Images Belges

Belges, parce qu'elles sont publiées dans *la Réforme* de Bruxelles, un journal quotidien à gros tirage, qui a suivi l'exemple du *Figaro* en donnant une place à l'image, mais leur auteur, Julio, est Italien. Et Julio, aux côtés de Caran d'Ache, est très certainement le premier caricaturiste politique de l'Europe actuelle.

CONTRE LE DRAGON CHINOIS, par Julio.

— Avance donc, puisque tu le connais, toi !
— Mais, maman, je ne le reconnais plus. Il (lui) a poussé des dents et il porte des gants de boxe..

(*La Réforme*, de Bruxelles, 13 juillet 1900.)

UNE FOUTUE COMMISSION ! par Julio.

Li-Hung-Chang. — Madame, voici les fleurs que S. M. a assemblées à votre intention !

L'Europe. — Dites-lui que je lui renverrai des pruneaux.

(*La Réforme*, juillet 1900).

Images belges : Caricatures de Julio dans "La Réforme", de Bruxelles.

SIESTE, par Julio.

Le bull John. — Si je savais que bonne maman ne se réveillerait pas, je boufferais ce mandarin... car moa, je avais encore beaucoup d'appétit !

(11 juin 1900).

D'UNE CURÉE A L'AUTRE, par Julio.

Allons vite, John, essuyez-vous les mains, on vous attend.

(17 juin 1900).

LA SIRÈNE, par Julio.

(Juillet 1900).

La Chine. — Mais, messieurs, je ne veux pas de bouillon.
Les Européens. — Nous t'en apportons des tasses pleines.

(*El Cardo*, de Madrid, 15 juin 1900).

UN CONFLIT DANS UNE TASSE DE THÉ : TOUTE L'EUROPE EN EXPECTATIVE.

(*La Parodia*, de Lisbonne, 20 juin 1900).

Images hollandaises : La Chine en armes devant l'invasion européenne.
Les multiples travaux de John Bull.

UNE NOUVELLE INTERPRÉTATION PAR L'IMAGE DU TABLEAU CONNU DE L'EMPEREUR GUILLAUME.
Confucius. — « Peuples d'Asie, protégez vos biens sacrés ! »
Caricature de Johann Braakensiek (*Weekblad vor Nederland*, d'Amsterdam, 24 juin 1900).

JOHN BULL, MAITRE EN ASIE ET EN AFRIQUE.
Le Khédive. — Ne devais-je pas être avec ces trois là ?
Caricature de Johann Braakensiek (*Weekblad vor Nederland*, 15 juillet 1900).

L'AUTOMATE CHINOIS.

Mercure s'adressant à l'Europe — Tire avec vigueur, j'ai mis dans le trou la pièce de monnaie.

* Et l'automate crache à la figure de l'Europe.

Caricature de Johann Braakensick (*Weekblad vor Nederland*, juillet 1900).

Images hollandaises : Prenez mon ours (mon Joé). Barbarie des Anglais.
De l'impossibilité de déboulonner Bouddha.

UNE OFFRE DE COLLÈGUE.

La Reine Victoria à l'Impératrice de Chine. — « Vous aussi, c'est une question d'uitlanders (étrangers), n'est-ce pas? Essayez donc, une fois, de mon Joé? » (Chamberlain).

Caricature de Johann Braakensiek (*Weekblad por Nederland*, d'Amsterdam, 17 juin 1900).

ÉVANGILE ANGLAIS.

Point n'est besoin de voyager en Afrique (ou en Chine) pour voir des monstres. L'Angleterre en possède plus d'un dans ses palais. Réduit à l'extrémité dernière, l'État libre pleure son indépendance.

« O frères chrétiens ! vous avez envoyé contre moi l'Anglais avec canons et tambours. Si un ange ne vient à mon secours je vais succomber ! » etc.

(*Nederlandsche Spectator*, de La Haye, juillet 1900)

✳ Violente satire illustrée contre l'Angleterre publiée au moment même où les Anglais s'indignaient contre les atrocités chinoises.

TRAVAIL SANS SOLUTION.

L'Europe occupée à déboulonner.

(*Nederlandsche Spectator*, juin 1900).

✳ Ils auront beau tirer, s'y atteler de toutes les façons, ils ne viendront pas à bout du Bouddha chinois. Comme ses images les plus vénérées, il est de bronze et n'a en aucune façon la fragilité des dieux de… porcelaine.

LE SOUFFLET (PORTE-VENT) CHINOIS.

La Reine. — Pohhh ! qu'ils brûlent, donc, tous ces diables étrangers !
Krüger. — La vieille et la nouvelle civilisation sont très certainement du même calibre. L'égoïsme et la barbarie sont leurs spécialités.

(*Uilenspiegel*, de Rotterdam, 14 juillet 1900.)

GUILLAUME EN CHINE.

Guillaume. — Vengeance ! Vengeance ! Pour le sang versé.
Li-Hung-Chang. — Calmez-vous, Majesté, calmez-vous ! Ne pourriez-vous pas, au moyen de ce rouleau, en arrêter l'effusion.

(*De Nederlandsche Werkman*, 14 juillet 1900.)

L'AMI DES ENFANTS OU LE JEU DE LA FLÈCHE.

Russikoff (aux enfants). — Si vous êtes bien gentils vous pourrez entrer avec nous et je vous ferai voir comment les grands garçons touchent le monstre.

(*Uilenspiegel*, 23 juin 1900.)

★ Les petites nations, elles aussi, sont invitées à montrer leur pavillon en Chine. (*La Russie*).

— *Le petit Chinois* (à John Chinaman). — Dis, papa, sont-ce là de nouveaux missionnaires ?
— *John Chinaman.* — Non, mon garçon, ces gens-là viennent de la Conférence de la Paix, à La Haye.

(*De Nederlandsche Werkman*, 30 juin 1900.)

OMBRE CHINOISE.

Comment la civilisation européenne opère à l'égard des Chinois.

(*Uilenspiegel*, 30 juin 1900.)

QUI TIRERA LES MARRONS DU FEU ?

Le Japon. — Je le ferai volontiers.
La Russie. — Laisse-le moi donc faire.
L'Allemagne, la France, l'Angleterre. — Hum ! Hum ! Ce qu'ils sont acharnés tous les deux.

(*Uilenspiegel*, 21 juillet 1900.)

★ Toutes les caricatures ici reproduites sont de Orion, un des bons dessinateurs satiristes de la Hollande.

Images hollandaises : Croisade générale contre le dragon chinois.

L'EUROPE ET L'AMÉRIQUE CONTRE LA CHINE. — L'UNION FAIT LA FORCE.
Caricature de Johann Braakensiek. (*Weekblad vor Nederland*, 22 juillet 1900.)

Images italiennes : La philosophie d'une guerre. Le nez de l'Europe. Pauvre petit.

MOURIR POUR LA PATRIE!   POUR VENGER LES MORTS.
Et tous les deux tuent... la civilisation.
(*L'Asino*, de Rome, 22 juillet 1900.)

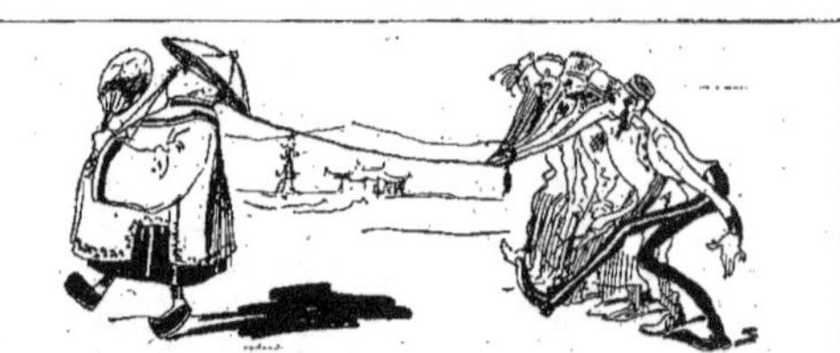

La banqueroute de la diplomatie européenne se laissant conduire par le nez
par la seule diplomatie chinoise.   (*il Fischietto*, de Turin, 7 juillet 1900.)

— Hihi! Hihi! Hihihi!!
— Mais que veut donc ce marmot?
— Il veut encore un morceau de *Chine*. Il est incorrigible. Il a déjà voulu en
prendre, il y a quelque temps, et cela lui a fait mal. Eh bien, malgré cela,
il en veut encore.   (*il Fischietto*, 5 juin 1900.)

TEMPÉTES..... D'ENCRE DE CHINE.

Étrange ! La meilleure, la plus sûre, entre toutes les armes dont se croit si forte la fameuse *civilisation*, pour l'heure et pour toujours... laquelle fut importée en Europe par la non moins fameuse *barbarie* orientale !!!

Caricature de Caronte (*Il Fischietto*, de Turin, 14 juillet 1900).

★ Cela rappelle le fameux mot de Victor Hugo, « Quand vous entendez tonner le canon, vous pouvez dire : voilà la civilisation européenne qui passe. »

EN EXTRÊME ORIENT

Affreux magot ! Comment se fait-il que tu ne veuilles pas céder (te soumettre à notre volonté).

Caricature de Dalsani (*Pasquino*, de Turin, 12 novembre 1899).

★ Le poussah chinois entre la France et l'Angleterre. Comme bien on pense, cette idée a été souvent interprétée par l'imagerie européenne. L'on peut même dire que dans tous les pays, ce fut la première image qui vint sous le crayon des dessinateurs, dès que la Chine entra dans notre domaine historique.

Le fantoche s'agite de façon menaçante ; qui peut bien en tirer les fils ?

Caricature de Caramba (*Il Fischietto*, 16 juin 1900).

Images italiennes : L'accord européen vu sous ses différentes et multiples faces et avec ses amusantes chinoiseries.

Il pourrait fort bien arriver, encore, que les *boxeurs* quelque peu excités n'attrapent nullement *ceux* de la race céleste.

(Caricature de Dalsani, 9 juin 1900).

L'armée internationale, tant qu'il s'agira de prendre... et quand l'heure sera venue de partager.

(Caricature de Caramba, 26 juin 1900).

POUR L'INSTANT LES ROLES NE SONT PAS ENCORE INTERVERTIS.

(Caricature de Caramba, 3 juillet 1900.)

LES CHASSEURS ET L'OURS, fable à nouveau moderne.

Mort à l'ours... mais hélas ! c'est à qui ne lui touchera pas la peau.

(Caricature de Dalsani, 10 juillet 1900).

(Caricatures du journal *Il Fischietto*, de Turin, d'après des originaux en couleurs).

★ Quoique les journaux italiens aient génél quelquefois en images parlantes — une a été reproduite ici — sur la part bien maigre que semble réserver à la « petite Italie » l'expédition de Chine, le plus grand nombre de leurs caricatures se trouve, comme toujours, consacré à l'attitude générale de l'Europe.

Le Gouvernement chinois. — Je vous promets que mon ami le Boxer ne vous fera aucun mal. Tout au plus, jetterons-nous par la fenêtre les vagabonds que vous nous avez envoyés (c'est-à-dire les missionnaires, les instituteurs et les industriels). Mais si vous entrez pour incendier, vous amènerez leur perte, à eux d'abord, la nôtre, puis la vôtre, et forcément, vous porterez préjudice à vos intérêts.

(Caricature de Augusto Grossi, *Papagallo*, de Bologne, 24 juin 1900.)

COURSE EN CHINE DITE CÉLESTE : ROUGE, JAUNE ET VERT. — Fantaisie de S. Voisi.

Les coursiers indomptés, *Fanatisme, Ignorance, Superstition, Barbarie* qui traînent le char-pagode chinois ont quitté la main de l'impérial et royal cocher et vont follement à la dérive semant partout le massacre, l'incendie, la mort. Le traîneau russe que conduit en armes la nation européenne accomplit également un long parcours pour arrêter la course funeste du char chinois et empêcher que le Céleste Empire ne devienne ainsi toujours plus rouge du sang répandu.

(*La Rana*, de Bologne, 13 juillet 1900.)

Images polonaises et russes : Le dragon chinois. Le boxer, nouvelle marotte pour la presse. John Bull cherchant à mettre la main sur la Chine.

Le dragon chinois s'est endormi et de sa gueule sortent des milliers de boxers.

(*Mucha*, de Varsovie, juillet 1900)

La presse de Varsovie a mis de côté Krüger depuis qu'elle a trouvé une nouvelle poupée au nez chinois.

(*Mucha*, juillet 1900).

LES VAGUES DE LA MER (mer de sang dans laquelle John Bull est enfoncé jusqu'aux genoux).

★ John Bull avance des mains tremblantes pour saisir la rose de Chine.

Mucha, juillet 1900).

John Bull qui tient déjà par la queue le chien du Transvaal cherche à attraper de même le bouledogue chinois.

(*Chout*, de Saint-Pétersbourg, juillet 1900).

Images russes : Qui soulèvera le poing chinois? Bataille de Dames.

LE GRAND POING.

Certes le poing est grand, puissant; il s'applique bien au héros, mais où prendre le poids nécessaire pour le soulever.

(*Strekoza*, de Saint-Pétersbourg, juillet 1900).

★ On sait que des drapeaux chinois pris à l'ennemi portent l'inscription : « Le peuple au poing puissant ». C'est à cela que fait allusion la légende russe.

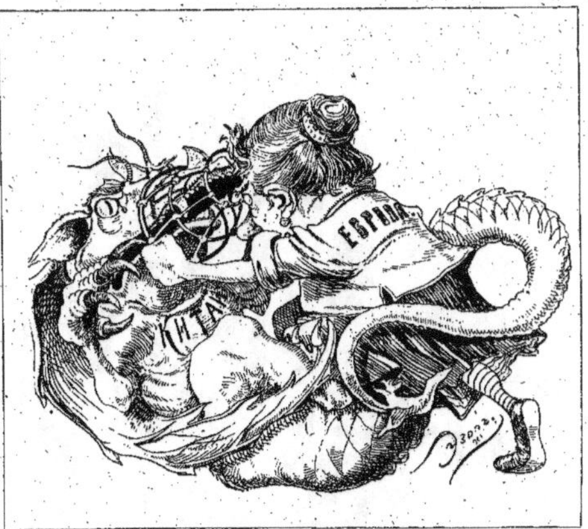

TRAGI-COMÉDIE CHINOISE.

Eh bien ! nous allons voir qui aura le dessus.

(Boxage entre l'Europe et la Chine : l'Europe cherche à mettre une muselière au dragon chinois).

(*Strekoza*, juillet 1900).

Images suisses : On part unis : on revient en se crépant le chignon.

I. LE COMMENCEMENT.

Caricatures de J. Külin-Kupfer

II. LA FIN DE LA CHANSON.

(*Der Nebelspalter*, de Zurich, 14 et 21 juillet 1900).

JOHN BULL DANS TOUTES SES TRANSES (tiré par l'oncle Paul et les
Achantis et sentant surgir la Russie et le péril jaune).
(5 mai 1900).

LE PARTAGE DU GROS SAUCISSON.

★ Comme toujours, l'image donne, ici, à John Bull le prix de voracité.
(23 juin 1900).

LES SOEURS ENNEMIÉS.

L'Europe. — Au moment même où j'arrive assez avant pour donner à cette
vieille carcasse soupçonneuse quelque chose de bon à manger, la voilà
qui ne le veut pas et qui, par dessus le marché, devient grossière.
(30 juin 1900).

LA CARTE DU JOUR AU RESTAURANT CHINOIS DE L'EXPOSITION
Le dernier Européen en sauce.

Vignette faisant partie d'une série l'*Exposition politique à Paris* dans
laquelle chaque pays figure par une de ses particularités actuelles.

★ Toutes ces amusantes images sont de M. Lehmann-Schramm, un des
imagiers satiristes les plus féconds de la Suisse allemande.
(10 juin 1900).

Images américaines : Les habitudes des autres nous semblent toujours ridicules.
Gare au pétard chinois. Qui veut du miel? Les boxeurs.

1. Pourquoi ces gens-là ont-ils l'aplomb de manger ainsi ?

(New-York Journal, juin 1900).

II. Eux aussi, cependant, seraient ennuyés si les
Chinois se mettaient à faire la même chose —
c'est-à-dire à les regarder de la même façon.

UN PÉTARD DANGEREUX A ALLUMER.

(Puck, de New-York, 11 juillet 1900).

UNE LOI EN NEUF ARTICLES.

L'ours. — Si quelqu'un de vous, jeunes gens, désire
du miel, il n'a qu'à monter et à venir le prendre.

(Harper's Weekly, de New-York, 23 juin 1900).

LES BOXEURS.

L'oncle Sam s'adressant à l'importun boxeur. — Moi
aussi, à l'occasion, je fais un peu de boxe.

(Harper's Weekly, 9 juin 1900).

★ Les Chinois doivent en savoir quelque chose, car, fidèle à sa
maxime, *l'Amérique aux Américains,* les États-Unis ne se
font point faute de pourchasser et, même, de … chasser les
Fils du Ciel.

L'Amérique prenant sa place dans les rangs des vengeurs.

(Life, de New-York, juin 1900).

*Images américaines : Le colosse chinois se dressant, mont énorme,
devant les puisssances européennes.*

MONTAGNE CHINOISE. — ELLE N'EST PAS SI ACCESSIBLE QU'ELLE LE PARAÎT A DISTANCE.

Puck, de New-York (25 juillet 1900).

LA CHINE CHRISTIANISÉE.

Les puissances européennes en chœur, au missionnaire. — Vous lui avez,
petit homme, donné l'ablution, maintenant il faut l'oindre.

(*The Bulletin*, de Sidney, 24 juin 1900).

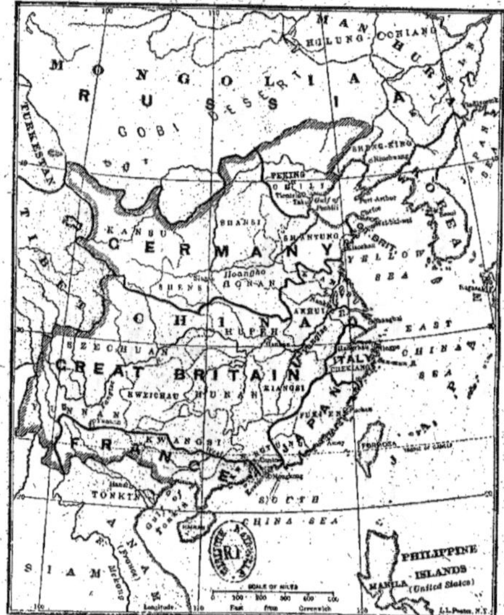

PROJET DE PARTAGE DE LA CHINE
(Publié par le *Harper's Weekly*, de New-York).